" *La elegancia de los pastos, las increíbles plantas parásitas, la belleza de las flores, el verde brillante de las hojas y especialmente la exuberancia de la vegetación, me llenaron de admiración.* **"**

Charles Darwin, *Voyage of the Beagle*,
Argentina, 1836

Otros títulos de la colección

En Español
El Mate
El Tango

En Inglés
The Mate
The Tango
The Gaucho
Argentine Nature

www.argentrip.com

Diseño: Christian le Comte y Sophie le Comte
© Sophie le Comte, 2000

Hecho el depósito que previene la ley 11.723
I.S.B.N. 987-97899-6-2
Editado por Maizal
Muñiz 438, B1640FDB, Martínez
Buenos Aires Argentina
email: lecomte@cvtci.com.ar
Impreso por Morgan Internacional.

Sophie le Comte

Argentina Natural

MAIZAL
EDICIONES

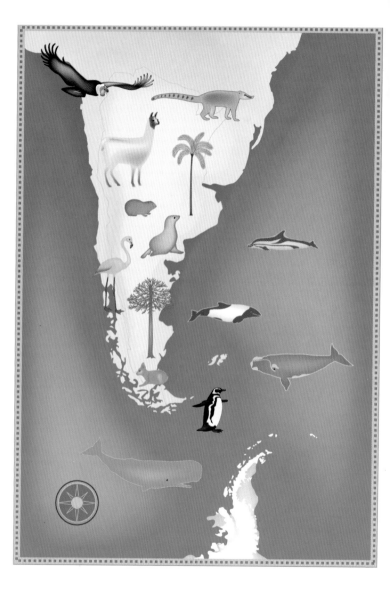

Introducción

Desde la Puna y desde las Cataratas del Iguazú hasta el Fin del Mundo, la Argentina siempre da la impresión de ser un país sin límites.

Tiene un río tan ancho, que no se puede ver la otra orilla, tiene cerros de siete colores, selvas subtropicales, glaciares que avanzan todos los días, un inmenso delta a pocos kilómetros de Buenos Aires, plantas y animales únicos, las montañas más altas de América, kilómetros de lugares naturales que no han sido tocados por el hombre.

Tiene además yacimientos no sólo de minerales y piedras preciosas, sino también una gran riqueza de sitios arqueológicos donde se encuentran restos de dinosaurios y animales prehistóricos.

Esta naturaleza casi sin explorar es la gran riqueza argentina y este libro es una invitación a todos a conocer un país en estado natural.

Cuando los dinosaurios poblaban la tierra, hace 200 millones de años, todos los continentes estaban unidos. Toda la tierra firme se llamaba Pangea.

Hace 110 millones de años, aparece el océano Atlántico que divide la tierra firme en 2 grandes partes, Laurasia y Gondwana.

Paleozoico (570-245 mill.)
Cámbrico
Ordovícico
Silúrico
Devónico
Carbonífero
Pérmico

Precámbrico (4600-570 mill. de años)

Mesozoico
(245-65 mill.)
Triásico
Jurásico
Cretácico

Pleistoceno
Plioceno
Mioceno
Oligoceno
Eoceno
Paleoceno

Cenozoico (65-0 mill.)

Hoy los continentes se han separado y aún continúan moviéndose. América del Sur se ha desprendido de la antigua Gondwana.

El Cielo

Creación del cielo y de la tierra según un dibujo del mestizo Felipe Guamán Poma de Ayala, 1587

Las dos estrellas más conocidas de Centauro son Alfa Centauro, también llamada Tolimán y Beta Centauro, llamada Agena.

Las estrellas del hemisferio sur son más débiles que las del hemisferio norte. La mejor manera de orientarse es buscar primero la Vía Láctea y empezar por la Cruz del Sur que está en la parte más oscura de la Vía Láctea (llamada Saco de Carbón). La Cruz del Sur (Crux), es la constelación más famosa del cielo meridional, sirvió siempre a los navegantes para no perder la orientación. Centauro es la constelación que envuelve a la Cruz del Sur.

En la mitología griega los centauros eran una raza de seres salvajes, medio humanos y medio animales que vivían en las montañas.

Orión es una constelación que puede verse desde los dos hemisferios. Su estrella más superpotente es la gigante Rigel, que en árabe quiere decir pie.

VELA

CENTAURUS

CRUX

Mimosa

Acrux

CARINA

LUPUS

Hadar

MUSCA

Rigil Kentaurus

Castor
Pollux
GEMINI

CANIS
MINOR
Procyon

MONOCEROS

Betelgeuse   Bellatrix

Sirius

Rigel

ORION

Adhara   CANIS
MAJOR

LEPUS

PUPPIS   COLUMBA

Canopus

PICTOR

Las tres estrellas que forman el cinturón de Orión son llamadas Las Tres Marías en la Argentina. Sus nombres son Alnitak, Alnilam y Mintaka.
A Orión lo acompaña Canis Major en su cacería. La constelación del perro tiene a Sirius, la estrella más brillante del cielo.

Rocas y Fósiles

La **rodocrosita** (carbonato de manganeso) parienta del mármol, es la piedra más característica de la Argentina. Con ella se tallan objetos decorativos.

En la Argentina hay ricos yacimientos de petróleo, metales y piedras, hay, por ejemplo, oro y plata en el Famatina en La Rioja, cobre y rodocrosita en San Luis y piedras semipreciosas en Wanda en Misiones. También han sido encontrados grandes yacimientos de fósiles y restos de árboles de 70 millones de años en Santa Cruz o helechos petrificados en Ischigualsto y Talampaya.

Hace 4.000 años cayó en la Provincia del Chaco un inmenso meteorito en una zona llamada Campo del Cielo. Hay cráteres de hasta 7 m de profundidad distribuidos a lo largo de una línea de 15 km. El meteorito más grande pesa más de 30.000 kg. Uno de los meteoritos encontrados en el Chaco está en la entrada del Planetario de Buenos Aires.

Los **amonites** que se extinguieron a fines del Cretásico, son característicos de zonas tropicales.

Los **meteoritos** son restos de material planetario que caen sobre la tierra.

En el Valle de la Luna las rocas tienen formas insólitas esculpidas por el agua y el viento.

La **fluorita** es incolora y totalmente transparente en estado puro, pero según los elementos que estén presentes cuando crece el cristal, pueden variar de color. La fluorita se encuentra en la Patagonia.

El **azufre** es un mineral blando y amarillo.
En la Patagonia, en Copahue, existe una de las mejores termas del mundo, cuyas aguas contienen azufre como principal componente. Estas aguas ya fueron utilizadas por los indios que descubrieron sus propiedades curativas.

En el yacimiento de Wanda, muy cerca de las Cataratas del Iguazú, se extraen amatistas, ágatas y cristal de roca.

El **ágata** está formada por cristales de cuarzo diminutos. Puede tener diferentes colores y estar formada por bandas paralelas finas y de colores brillantes que se pueden ver cuando se la corta en láminas.

Además de los animales fosilizados, en la Argentina se encuentran restos de bosques de árboles petrificados. El yacimiento más importante está cerca de Puerto Deseado en la Provincia de Santa Cruz. Hace 70 millones de años, antes de que existieran los Andes, la Patagonia estaba cubierta por grandes bosques que fueron derribados por algún cataclismo. Durante años cayeron sobre estos troncos cenizas volcánicas muy ricas en silicio que penetraron en la madera y convirtieron en piedra a araucarias de más de 35 m de largo y 2,50 m de diámetro.

Madera petrificada
El material vegetal ha sido sustituido por minerales; parece un pedazo de madera, pero pesa como una piedra.

Argentina Mesozoica

Los dinosaurios encontrados en la Argentina son del período triásico y jurásico. Los principales yacimientos de estos fósiles son el Valle de la Luna, en el norte, y la Patagonia. El último dinosaurio encontrado en la Patagonia en enero de 2000 mediría 50 m de largo y pesaría 15 toneladas.

El **Pterodaustrus** era un reptil volador con un extraño pico curvado.

El **Gigantosaurus carolinii** era un carnívoro inmenso. Tenía 16 m de largo, sus dientes medían 20 cm y si perdía uno de ellos, siempre tenía otro de repuesto.

El **Mussaurus** vivió al final del triásico y principios del jurásico. Fue el más pequeño de los dinosaurios conocidos (3 m) y parece una mezcla de lagarto y ratón.

El **Carnotaurus sastrei** tenía un par de cuernos encima de sus ojos. Medía alrededor de 8 m, sus brazos eran muy cortos pero muy poderosos. Se han encontrado impresiones fosilizadas de su piel.

El **Argentinosaurus huinculensis** era un gigante herbívoro que medía 40 m de largo y 20 de alto, ya no se sabe si fue el animal más grande que haya existido. Vivió hace 95 millones de años.

El **Megaraptor** medía 8 m de largo. Fue un feroz cazador.

El **Herrerasaurus ischigualastensis** es uno de los primeros dinosaurios conocidos. Medía 5 m de largo.

El **Amargasaurus cazaui** *medía 9 m de largo y tenía una gran cresta sobre su cuello y espalda. Esta cresta le servía de regulador de temperatura.*

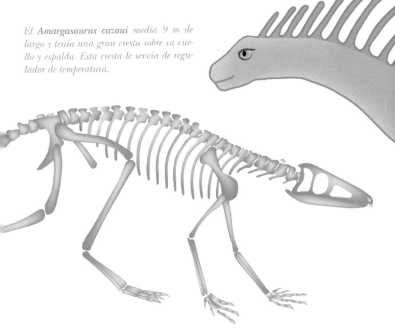

El **Lagosuchus talampayesis** *fue seguramente el antepasado de los dinosaurios. Sólo tenía 40 cm de largo, demasiado pequeño si se lo compara con sus descendientes gigantescos. Era un animal muy ágil y podía adaptarse rápidamente a situaciones inesperadas.*

La **Unenlagia comahuensis** *era el dinosaurio que quería volar hace 90 millones de años. Movía sus brazos para mantener el equilibrio.*

Argentina Cenozoica

Phorusrhacos (1,5 m)
*Ave gigante del
Mioceno. Corría
muy rápidamente
pero sus alas no le
servían para volar.*

A principios del período cenozoico, hace 65 millones de años, los mamíferos que habían aparecido sobre la tierra en el triásico, empiezan a multiplicarse rápidamente. Tanto los invertebrados como estos mamíferos se parecen bastante a los que conocemos hoy en día. Los dinosaurios han desaparecido en masa y las aves han evolucionado.

El período cenozoico se divide en Paleoceno, Eoceno, Oligoceno, Mioceno, Plioceno y Pleistoceno.

El gran científico Charles Darwin (1809-1882), padre de la biología y paleontología modernas, llegó en 1831 a la Argentina. Aquí descubrió gran cantidad de animales prehistóricos y fósiles. Darwin se maravilló de las criaturas desconocidas a la zoología moderna, que encontró en la Patagonia: un Megalonyx, un esqueleto casi perfecto de un Scelidotherium, Toxodontes, Milodontes, y una Macrauchenia.

*Esqueleto de un
Toxodonte (2,7 m)*

Trigonostylops (1,5 m)
*Paleoceno
Mamífero de grandes
colmillos.*

Didolodus (60 cm)
*Eoceno
Posiblemente el antepasado de los mamíferos con casco y pezuña.*

Pachyrukhos (30 cm)
*Oligoceno
Debe haber andado
dando saltos durante toda la noche.*

Uno de los hallazgos más importantes de Darwin fue
el Megaterio, un herbívoro del Pleistoceno que podía
pararse sobre dos patas apoyándose en su cola.
El Megaterio era un animal muy perezoso y se movía
muy lentamente.

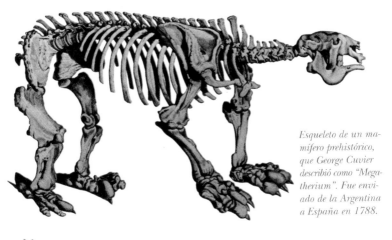

Esqueleto de un ma-
mífero prehistórico,
que George Cuvier
describió como "Mega-
therium". Fue envi-
ado de la Argentina
a España en 1788.

Thoatherium (1 m)
Mioceno
Mamífero muy simi-
lar al caballo.

Argyrolagus (40 cm)
Plioceno
Mamífero muy pare-
cido a los roedores
del desierto.

Glyptodonte (3,3 m)
Pleistoceno
Se protegía con su ca-
parazón que parecía
hecha de mosaicos.

El Mar Argentino

Cangrejo
Crustáceo que vive en el mar y en agua dulce.

Los cetáceos son mamíferos acuáticos, tienen respiración pulmonar y paren sus crías vivas. Su forma hidrodinámica les permite moverse rápidamente en el agua. Se los puede reconocer por su soplido o sus aletas dorsal y caudal, sin embargo no siempre es fácil porque su aparición puede ser fugaz.

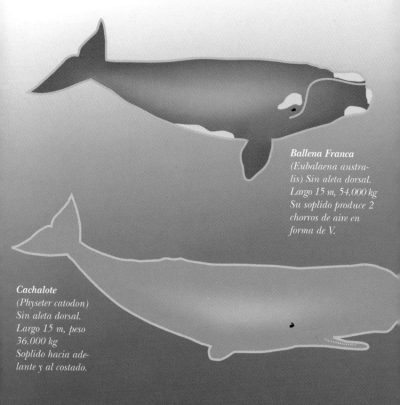

Ballena Franca
(Eubalaena australis) Sin aleta dorsal. Largo 15 m, 54.000 kg Su soplido produce 2 chorros de aire en forma de V.

Cachalote
(Physeter catodon) Sin aleta dorsal. Largo 15 m, peso 36.000 kg Soplido hacia adelante y al costado.

Orca (Orcinus orca)
Su aleta dorsal mide
1,5 m.
Largo 7 m, 7.200 kg

Delfín Común
(Delphinus delphis)
Aleta dorsal en
punta.
Largo 2,1 m, 82 kg

Delfín Azul y
Blanco (Stenella
coeruleoalba) Aleta
dorsal alta y curva.
Largo 2,2 m, 100 kg

Tonina Overa
(Cephalorhynohus
commersonii) Aleta
dorsal triangular
redondeada. Largo
1,35 m, 50 kg

La Patagonia

La Patagonia es recorrida por **maras** (Dolichotis patagonica) que viven en colonias numerosas.

La Patagonia se extiende desde el pie de los Andes, hasta el Océano Atlántico y desde los ríos Atuel y Colorado del Norte hasta los Andes Fueguinos del Sur.

La meseta patagónica tiene forma escalonada que desciende desde los Andes hasta la plataforma submarina. Esta inmensa superficie no es totalmente llana, sino que presenta también cerros y depresiones, muchas de éstas, bajo el nivel del mar.

Es una estepa formada por pastos duros y arbustos de escasa altura que no alcanzan a cubrir totalmente el suelo.

El clima es frío y seco, con vientos muy fuertes del oeste y del sudoeste.

La península Valdés ofrece la posibilidad de visitar grandes colonias de animales marinos.

El **cuis** (Cavia australis), vive de noche y durante el día se esconde en profundas madrigueras.

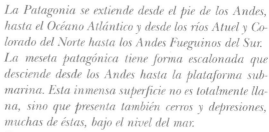

El **Elefante marino del Sur** (Mirounga leonina), pertenece a la familia de las focas. Usa sus aletas anteriores para moverse en tierra y las posteriores para nadar.

La **Foca de Wedell** (Leptonychotes wedelli) tiene la cabeza pequeña y su pelo es gris. Pasa mucho tiempo bajo el agua y se sumerge hasta 70 m. Cuando vuelve a la superficie, corta el hielo con sus dientes.

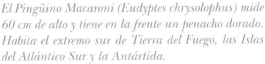

Las costumbres de las aves de la Patagonia son muy diversas. Algunas, como el petrel, vuelan libremente, planeando casi siempre en alta mar. El Petrel (Daption capensis), mide unos 60 cm de largo. Sólo se acerca a la costa para anidar y lo hace en alguna cueva natural en las rocas. Los pingüinos, en cambio, no saben volar, pero saben nadar y sumergirse a más de 30 m de profundidad. El Pingüino Magallánico (Spheniscus magellanicus) mide 40 cm de alto, es el que más se acerca a la costa norte del Mar Argentino y puede llegar hasta la costa del Brasil.

El Pingüino Macaroni (Eudyptes chrysolophus) mide 60 cm de alto y tiene en la frente un penacho dorado. Habita el extremo sur de Tierra del Fuego, las Islas del Atlántico Sur y la Antártida.

Pingüino Magallánico

Pingüino Macaroni

El **Lobo marino de dos Pelos** u **Oso Marino Antártico** (Arctocephalus), de menor tamaño que las focas, habita las islas subantárticas. Se alimenta de krill, calamares y peces.

El **Lobo marino de un pelo** (Otaria flavescens), se alimenta y vive en el mar pero se reproduce en tierra a principios del verano.

La Pampa

Hornero

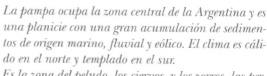

La pampa ocupa la zona central de la Argentina y es una planicie con una gran acumulación de sedimentos de origen marino, fluvial y eólico. El clima es cálido en el norte y templado en el sur.

Es la zona del peludo, los ciervos, y los zorros, las perdices, los chimangos, las comadrejas y las vizcachas. Los dos animales más perseguidos en la pampa fueron el puma y el ñandú.

El puma vivía originariamente en la llanura pero tuvo que refugiarse en zonas serranas y boscosas para protegerse. El ñandú (Rhea americana), es un ave que corre rápidamente pero no puede volar. Hoy en día existen criaderos que comercializan sus huevos y sus plumas para hacer plumeros.

Loro barranquero

El churrinche y el hornero son dos pájaros que se detectan fácilmente. El churrinche (Pyrocephalus rubinus) es colorado y se alimenta de insectos que captura en el aire. El hornero (Furnarius rufus) es un pájaro alegre y muy trabajador; tiene un nido notable por su forma: parece una pelota de barro de unos 30 cm de ancho y 20 cm de alto. La entrada semicircular parece un pequeño horno. El loro barranquero (Cyanoliseus patagonus) alcanza unos 40 cm de largo y la gente de campo suele espantarlo porque hace estragos en las plantaciones de trigo y maíz.

Vizcacha (*Viscacia viscacia*)

El **Ciervo**, es muy tímido, y siempre se aleja con rapidez ante la menor posibilidad de peligro, habita en zonas de pajonales inundables como el delta. La hembra se distingue por la falta de cuernos y es más pequeña que el macho.

Peludo (Dasypus sexcintus)
Su caparazón tiene en su parte media, unas bandas o fajas móviles que le permiten enroscarse como una bola. Mide unos 50 cm y vive en galerías subterráneas.

Zorro del Monte (Cerdocyon thous)
Se parece mucho al lobo. De cabeza pequeña y miembros cortos, es de color canela grisáceo. Mide unos 80 cm hasta el nacimiento de la cola.

Comadreja (Didelphis crassicaudata)
La comadreja se alimenta de pequeños mamíferos, pájaros y huevos. Camina muy lentamente y no es una buena trepadora. La hembra suele llevar su cría haciéndolas trepar sobre la espalda.

Puma (Felis puma)
Aunque se lo llama león americano, no tiene nada que ver con él. Vive comúnmente en las llanuras áridas y se guarece en los pequeños bosques. No es demasiado peligroso, pero puede atacar a corderos y terneros. Si se lo cría desde cachorro, puede domesticarse.

La Selva Subtropical

En el norte de la Argentina en un clima cálido y húmedo se desarrolla una densa selva estratificada donde los árboles llegan a una altura de hasta 45 m metros con un sotobosque con infinidad de lianas y epífitas. En esta zona se encuentran más de 2000 plantas y más de 400 pájaros. Es la zona de la Yerba Mate, el árbol que produce la materia prima para el mate, la bebida preferida de los Argentinos. En el medio de esta selva están las Cataratas del Iguazú. El mono aullador y el yaguareté son muy característicos de la zona.

El Mono Aullador (Alouata nigra), tiene apenas unos 60 cm de alto y se sirve de su cola prensil para trepar. Su grito es muy fuerte y cuando un grupo de ellos se reúne, infunden terror con sus alaridos.

El mono aullador es un animal huraño y no puede vivir en domesticidad.

El Yaguareté (Felis onça), llamado también tigre americano, es el carnívoro más grande de la Argentina. Mide alrededor de 1,5 m hasta el nacimiento de su cola. Es un animal peligroso capaz de cazar venados, carpinchos y animales domésticos.

Tucán
(Rhamphastos toco) Alcanza 50 cm de largo, es un ave tímida, ágil y alegre. Se alimenta de frutas, especialmente de naranjas. Pero también come carne, huevos y pichones de aves más pequeñas.

Hurón *(Galictis vittata)*
Mide unos 60 cm y tiene una faja amarillenta que le cubre la parte superior de la frente, los ojos y las orejas. Trepa los árboles con mucha agilidad y caza pájaros y cuises. Es uno de los carnívoros más chicos pero uno de los más feroces.

Oso hormiguero *(Myrmecophaga tridactyla)*
Es uno de los animales más singulares de América meridional. Mide 2,50 m. Su pelo es negro con una raya casi blanca en los costados. Su cola muy fornida, se levanta en forma de penacho arqueado. Tiene costumbres nocturnas y solitarias, le gustan las selvas húmedas donde abundan las hormigas.

*La **culebra Naveté** es totalmente inofensiva, no muerde ni tiene veneno.*

*El **dorado** (Salminus maxillosus) puede medir hasta 1 m de largo y pesar 20 kg.*

*El **carpincho** (Hydrocoerus hydrocoerus) puede medir hasta 1 m de largo y es muy fácil de domesticar.*

*El **tapir** (Tapirus terrestris) mide hasta 1,8 m de largo. Duerme de día y de noche sale a buscar comida.*

Zorro rojizo (Chysocyon brachiurus) es un famoso cazador muy parecido al lobo; busca las aves de corral durante la noche.

Los Andes

Los Andes se originaron en las eras Mesozoicas y Cenozoicas y su formación aún continúa, es una zona de terremotos y volcanes activos.

Los Andes en la Argentina son áridos en el norte y húmedos en el sur. En el norte hay vicuñas, llamas, guanacos, alpacas, chinchillas, zorros, zorrinos y cóndores. La planta característica de la zona es el cardón (*Trichocereus terscheckii*).

En el sur, la región ha sido modelada por glaciares y está cubierta por lagos y bosques de arrayanes y araucarias; abundan los huemules y muchos ciervos traídos de Europa, que se han adaptado rápidamente a la zona.

*El **flamenco** (Phoenicopterus chilensis), tiene patas largas, cuerpo pequeño y cuello interminable vive en pantanos y se alimenta de animales acuáticos.*

Llama
(*Lama huanacus*)
Fue el único animal de carga usado por los indios antes de la conquista, la introducción del caballo disminuyó su uso.

Dibujo sobre cerámica. Noroeste Argentino

Cóndor (*Sarcorhamphus gryphus*)
Desde el pico hasta la cola mide 1,20 m. Es capaz de aguantar
los calores más intensos y los fríos más rigurosos. Tiene una vista
fabulosa que le permite reconocer su presa
desde una gran distancia.

Los **guanacos** (*Lama guanicoe*) son los
parientes salvajes de la llama. Tienen
color amarillo amarronado. Son
extremadamente miedosos y suelen huir
rápidamente cuando se acercan extraños.

Chinchilla (*Chin-
chilla laniger*)
Su pelaje gris es muy
suave y tiene enormes
bigotes que pueden ser
tan largos como la
mitad de su cuerpo.

Los Árboles

Muchos de los árboles de la Argentina son únicos en el mundo y fueron respetados por los indios que sabían que dependían de ellos para alimentarse. Durante siglos los indios estudiaron las cualidades benéficas de las plantas y árboles y las usaron como medicina. Los conquistadores aprendieron mucho de ellos.

Yerba Mate *(Ilex paraguayensis), llamada también Té del Paraguay.*

Araucaria *(Araucaria araucana) Árbol de hasta 40 m. Sus piñones fueron alimento de los indios durante siglos.*

Ceibo *(Erythrina crista-galli) Es el árbol de la Flor Nacional Argentina*

Palmera o Pindó *(Arecastrun romanzoffianum) Se encuentra en toda la Argentina formando grandes palmares.*

El **algarrobo** (Prosopis Alba), es el árbol más importante del norte argentino, con sus frutos los indios preparaban una bebida llamada arrope y molían la vaina para harina, con la que preparaban su pan. (Antes de la conquista no había trigo en América).

El **ombú** (Phytolacca Dioica), aunque parece un árbol, es una planta subleñosa. El ombú representa a la pampa y fue bajo su sombra donde descansaban los gauchos durante sus largas travesías.

Tuna (Opuntia vulgaris) Con su fruto se prepara un exquisito dulce.

Palo Borracho (Chorisia speciosa) Se lo conoce también como Samohú.

Las Flores

Girasol
(Helianthus anuus)

En la Argentina existen muchas plantas y árboles con flores que son características de cada región. En cada época del año se pueden ver distintas especies floreciendo. El girasol florece en verano y otoño y es una planta alimenticia que se cultiva por sus semillas.
El palo borracho florece principalmente en otoño, sus flores pueden ser rosadas o blancas. El Mburucuyá es el nombre indio de la Pasionaria, una enredadera de frutos comestibles que florece en primavera a lo largo de las vías del tren. El ceibo también florece en primavera y hasta fines del verano.

Lapacho
(Tabebuia avellanedae)
El lapacho es un árbol de unos 25 metros y sus flores rosadas alegran en agosto y septiembre todo el norte argentino.

Flor de patito (*Oncidium bifolium*)
Esta variedad de orquídea florece en noviembre y diciembre. Es una plante epifita, es decir que crece sobre los árboles pero no es una planta parásita. Se la puede encontrar en el Delta del Paraná.

Pasionaria
(*Passiflora coerulea*)

Palo borracho
(*Chorisia speciosa*)

Jacarandá
(*Jacarandá mimosifolia*)
El jacarandá es un árbol de casi 20 metros que florece en noviembre en muchas avenidas y plazas de Buenos Aires.

Ceibo (*Erythrina crista-galli*)

Amancay (*Alstroemeria aurantiaca*)

Pictografías y Petroglifos

Pictografía de la Cueva de las Manos

En la Argentina hay muchos lugares donde se han encontrado pinturas sobre piedras. Se llaman pictografías cuando se trata de piedras pintadas y petroglifos cuando la piedra es grabada. La Cueva de las Manos a 71 km al sur de la Ciudad de Perito Moreno está en el cañadón del Río Pinturas en la Provincia de Santa Cruz. Esta cueva tiene infinidad de manos en negativo. Aquí se han encontrado también pictografías de animales, especialmente guanacos, y guardas geométricas. Muchas de estas representaciones tienen más de 7.000 años de antigüedad. Los indios apoyaban las manos sobre la roca y pintaban su contorno. Esa es la razón por la cual casi todas las pictografías son de manos izquierdas.

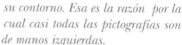

En Córdoba, a 116 km al norte de la Ciudad de Jesús María está Cerro Colorado en las Sierras de Ambargasta. Las 35.000 pinturas encontradas, representan indios, llamas y dibujos geométricos. Su antigüedad máxima es de 6.000 años.

En la Serranía de Cara Huasi, cerca de Pampa Grande al sur de la Ciudad de Salta también se habían encontrado pictografías, hoy lamentablemente se han perdido. En estas pinturas, los indios estaban vestidos con una especie de túnica llamada uncu.

Los colores eran aplicados por arrastre con los dedos, plumas o pinceles; por sopleteado, usando un hueso o caña; o por impacto, arrojando un objeto con pintura.

Cara Huasi, Provincia de Salta. Figura humana con hacha o escudo y plumas en la cabeza.

Pictografía de Cerro Colorado

En Cerro Colorado los indios pintaron en blanco, negro, rojo y gris.

Seres Fantásticos

El **Soñidi** es para los Tobas (indios del noreste) un ser que protege los peces.

El **Curupirá** es un genio de las aguas y de las tormentas en la selva guaraní.

Como en todo el mundo, también en la Argentina, la cultura popular ha creado seres imaginarios o sobrenaturales. Muchos de ellos se repiten en distintas zonas, con las mismas características y formas, pero con nombres diferentes.

La gente los respeta y les teme, algunos son malignos, otros se ocupan de hacer el bien. Muchos de ellos premian a las personas que no maltratan a los bosques o protegen la pureza de las aguas, otros ayudan a curar o a guiar al viajero perdido.

Los seres imaginarios de la Argentina que protegen la naturaleza y con una clara función de preservar los recursos naturales, son muchas veces más eficaces que cualquier otro sistema de protección moderna, ya que estos seres deben cumplir importantes roles sociales, característica importante que le atribuyen los indios sudamericanos.

Los que han visto a estos seres muchas veces los han descripto con apariencia similar al hombre.

El **Sacháyoj** protege los árboles en Santiago del Estero (una provincia del norte). Se lo representa con el cuerpo cubierto de plantas. Asusta a los hacheros que quieren derribar árboles.

Huayra-Muyu
Es el remolino, un espíritu benéfico que anuncia inminentes lluvias. Se lo puede ver en los caminos, como un viajero que va levantando polvareda.

El **Sombrerudo** parece un duende, es bajito, oscuro, y se lo reconoce por su gran sombrero. Le encanta asustar a la gente y aparece y desaparece con mucha rapidez.
En Catamarca, en el noroeste Argentino, hay mucha gente que dice haberlo visto. Su sombrero es tan grande que pareciera tener vida propia.

El **Petey** es un fantasma de la selva misionera que no quiere que la gente cace más de lo necesario. Es el gran defensor de los chanchos salvajes.

El **Pombero** protege los pájaros de la selva en el Norte.

Índice

Esta primera edición fue impresa en Septiembre de 2000.

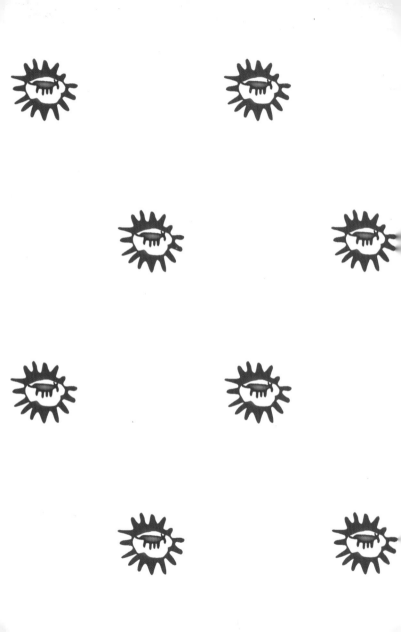